MINIMALIST UNDATED BASIC WEEKLY PLANNER

featuring
a vertical weekly spread
with annual overview
and blank note grid pages

YEARLY FUTURE LOG

MONTH:

MONTH:

MONTH:

MONTH:

MONTH:

MONTH:

YEARLY FUTURE LOG

MONTH:

MONTH:

MONTH:

MONTH:

MONTH:

MONTH:

MON

TUE

WED

THU

FRI

SAT

SUN

MON

TUE

WED

THU

FRI

SAT

SUN

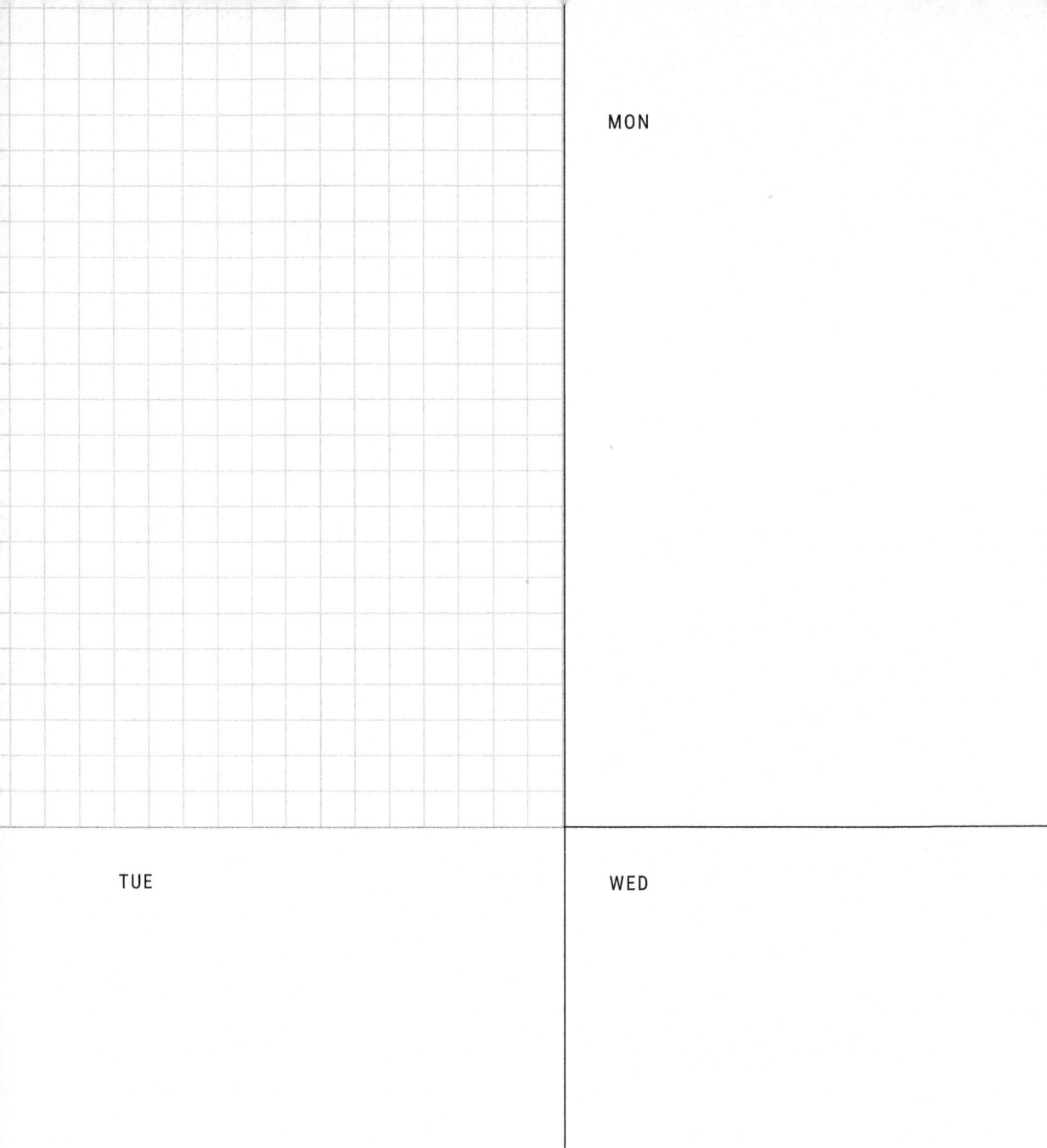

MON

TUE

WED

THU

FRI

SAT

SUN

MON

TUE

WED

THU

FRI

SAT

SUN

MON

TUE

WED

THU

FRI

SAT

SUN

MON

TUE

WED

THU

FRI

SAT

SUN

MON

TUE

WED

THU

FRI

SAT

SUN

MON

TUE

WED

THU

FRI

SAT

SUN

MON

TUE

WED

THU

FRI

SAT

SUN

MON

TUE

WED

THU

FRI

SAT

SUN

MON

TUE

WED

THU

FRI

SAT

SUN

MON

TUE

WED

THU

FRI

SAT

SUN

MON

TUE

WED

THU

FRI

SAT

SUN

MON

TUE

WED

THU

FRI

SAT

SUN

MON

TUE

WED

THU

FRI

SAT

SUN

MON

TUE

WED

THU

FRI

SAT

SUN

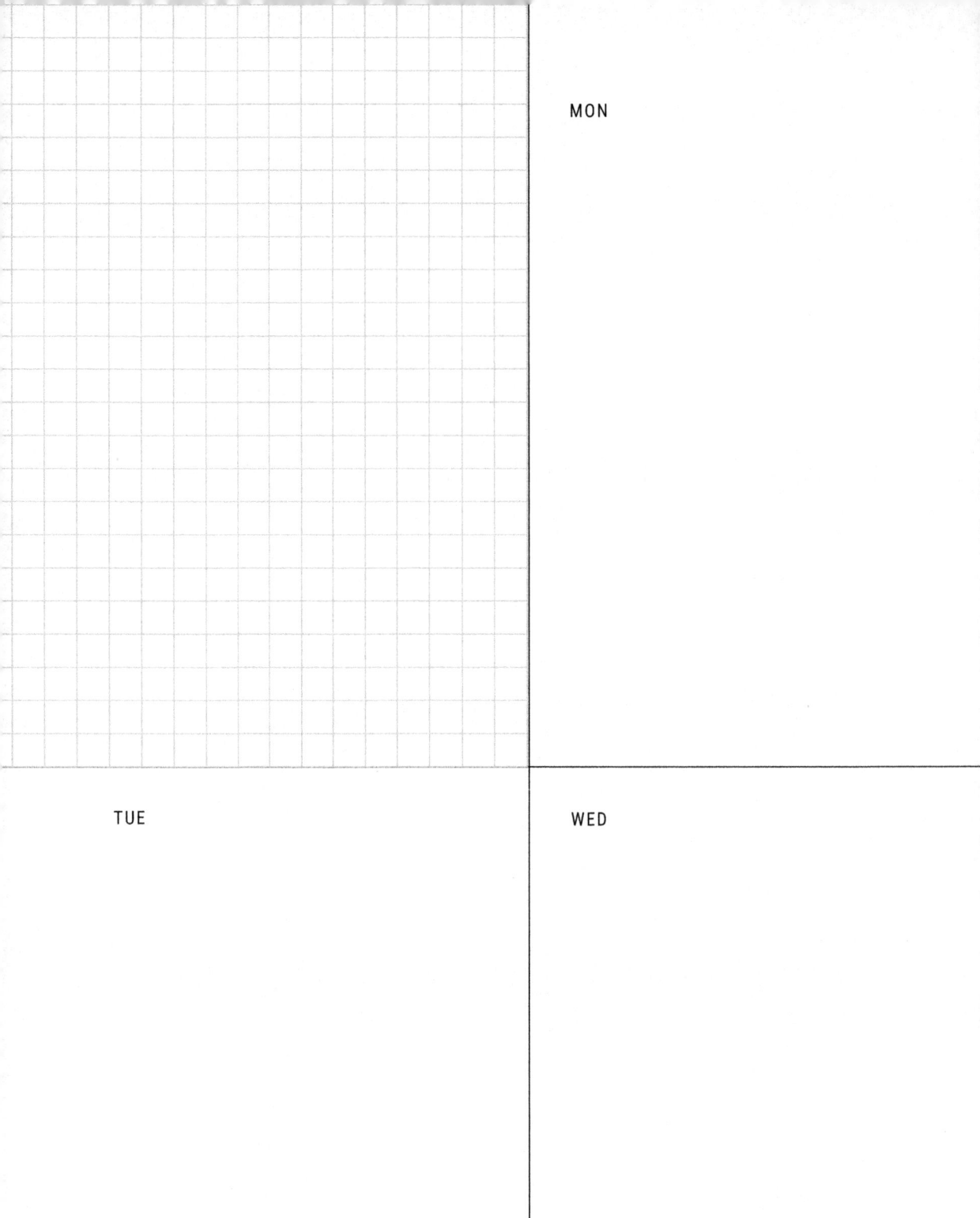

MON

TUE

WED

THU

FRI

SAT

SUN

MON

TUE

WED

THU

FRI

SAT

SUN

MON

TUE

WED

THU

FRI

SAT

SUN

MON

TUE

WED

THU

FRI

SAT

SUN

MON

TUE

WED

THU

FRI

SAT

SUN

MON

TUE

WED

THU

FRI

SAT

SUN

MON

TUE

WED

THU

FRI

SAT

SUN

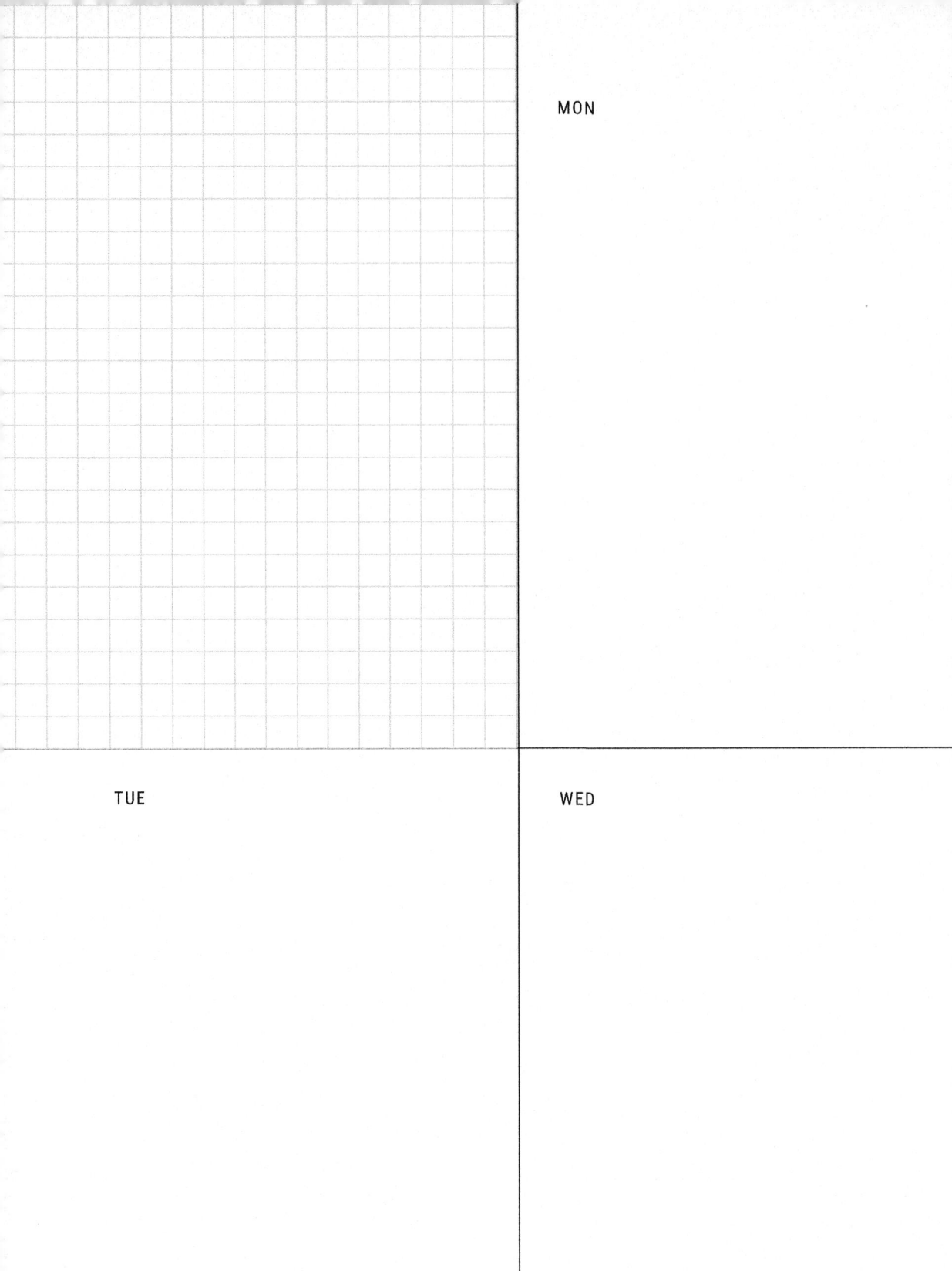

MON

TUE

WED

THU

FRI

SAT

SUN

MON

TUE

WED

THU

FRI

SAT

SUN

MON

TUE

WED

THU

FRI

SAT

SUN

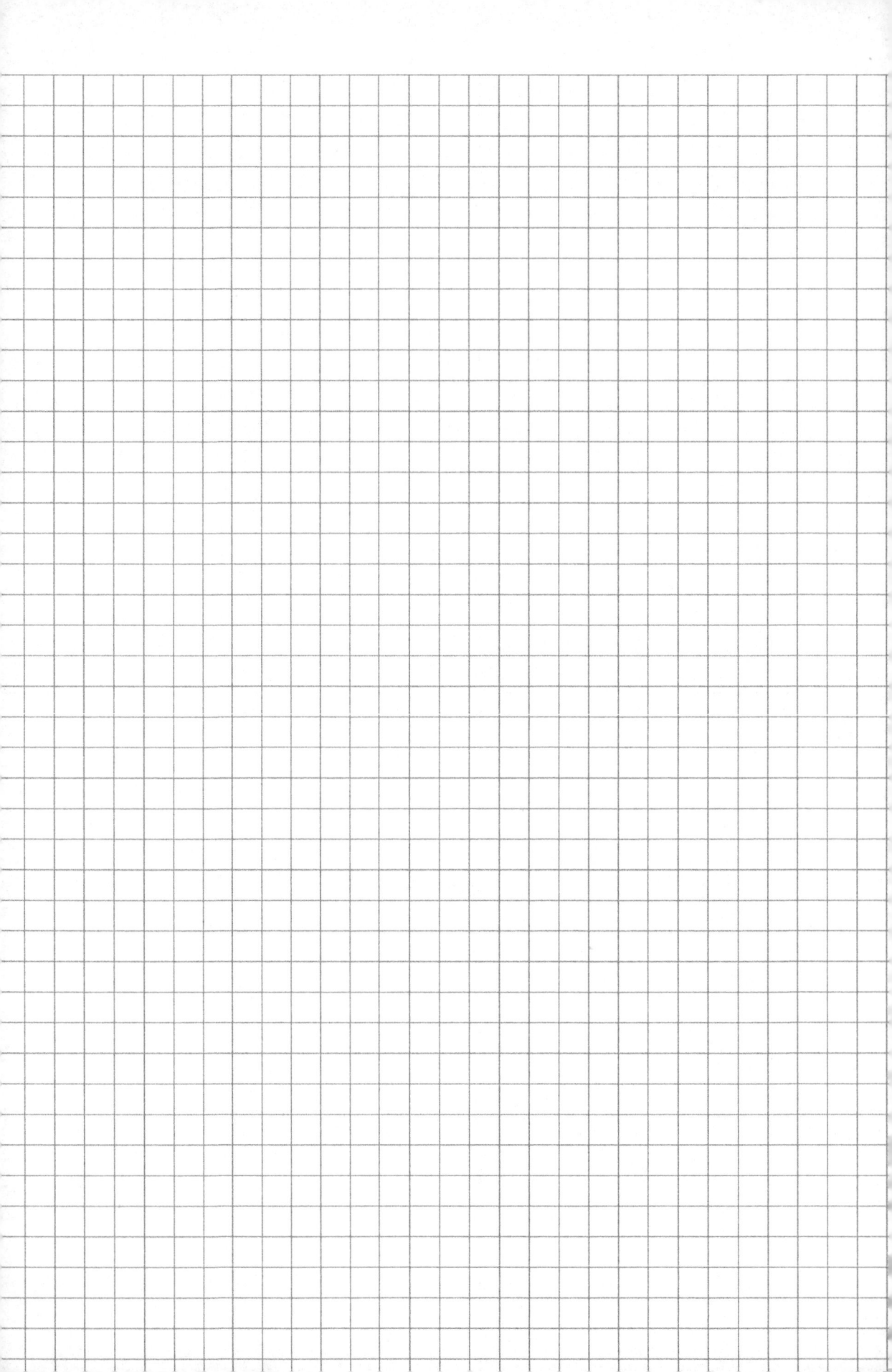

Printed in Great Britain
by Amazon

40376843R00046